Gerallt Lloyd Owen
CILMERI
a cherddi eraill

Gwasg Gwynedd

Argraffiad Cyntaf — Tachwedd 1991

© Gerallt Lloyd Owen 1991

ISBN 0 86074 075 7

Dymuna'r cyhoeddwyr gydnabod cymorth a chyfarwyddyd
Adrannau'r Cyngor Llyfrau Cymraeg a noddir gan
Gyngor Celfyddydau Cymru.

Cyhoeddwyd ac argraffwyd gan
Wasg Gwynedd, Caernarfon.

CILMERI A CHERDDI ERAILL

Er cof am fy rhieni

Cynnwys

Cydnabyddiaeth

Dylwn gydnabod gyda diolch fod rhai o'r cerddi wedi ymddangos yn *Barddas, Taliesin, Y Faner, Allwedd y Tannau, Cyfansoddiadau a Beirniadaethau* yr Eisteddfod Genedlaethol (1975, 1982) ac mewn sawl cyfrol gan Gyhoeddiadau Barddas. Os anghofiais unrhyw gylchgrawn neu gyhoeddiad arall, nid o fwriad y bu hynny. Y mae ugain mlynedd yn amser go hir i gofio manylion o'r fath. Fodd bynnag, nid wyf wedi anghofio haelioni Cyngor Celfyddydau Cymru yng ngaeaf 1984/85 pryd y cefais ysgoloriaeth chwe mis i brydyddu faint a fynnwn. Cynnyrch y cyfnod hwnnw yw amryw o gerddi'r casgliad hwn. Diolch i chwithau am ei brynu.

Gerallt Lloyd Owen

Boed taw i'm llaw yn llywydd
  Wrth lenwi'r ddalen lân,
Rhag gwneud pob gwae yn gywydd,
  Rhag troi pob gwir yn gân.

Cilmeri

Yn fraw agos ar frigyn
Gwelaf leuad llygadwyn
Mor oer â'r marw ei hun

A diddiffodd ddioddef
Y byw yn ei wyneb ef
Yn felynllwyd fel hunllef.

Wyneb y diwedd unig,
Druan rhwth, uwch dyrnau'r wig
Yn geudod dirmygedig.

Hyd eithaf y ffurfafen
Y teimlaf ei anaf hen
A'i wae ym mhob gwythïen.

Er bod bysedd y beddau
Yn deilwriaid doluriau,
Cnawd yn y co' nid yw'n cau.

* * *

Â chof sy'n hwy na chofio fe welaf
Eilwaith ddydd ei lorio
Ac ail-fyw ei glwyfau o
Â galar hŷn nag wylo.

Hwn yw'r cof am wylofain awyr wag
A'r tir oll yn gelain;
Rhagfyr drwy'r goedwig frigfain
A'i drwst megis ffaglau drain.

Wybren y bore'n aberoedd o waed
Yn hollt y mynyddoedd;
Gwridog fel dagr ydoedd
Y wawr, a gwawr euog oedd.

11

Yntau yn llaes ei fantell, ŵr unig
Ar riniog ei babell,
A roddodd goel ar ddydd gwell,
A hen gam yn ei gymell.

Hon oedd gwawr fawr ei fwriad a hawliai
Orwelion ei dreftad;
I'w golau hi deffrôi gwlad,
Hi oedd diwedd dyhead.

* * *

Oni welodd bren, derwen gwladwriaeth,
Yn nhir goleuni megis rhagluniaeth?
Pren cynheiliad yn prynu cynhaliaeth
Daear, gan wasgar ei holl gynhysgaeth;
Ei fod yn fywyd, a'i faeth yn wreiddiau
Yn hen weirgloddiau ei benarglwyddiaeth.

Oni welodd haf wedi'r gaeafau
Yn rhannu eilwaith â'r pren ei olau?
A lle bu rhwyg gwelodd weill y brigau
Yn gwau'i obeithion yn ddeiliog bwythau,
Ac yng nghân ei ganghennau haelionus
Llanwodd y llys â llawenydd lleisiau.

* * *

Trwy luwch di-sathr y bore llathraidd
Fe syllai yno fel ar faes lluniaidd
Ym Môn a'i bwrlwm o haidd; dyddiau blith
Yr haf a'i wenith yn fôr hufenaidd.

A thorrodd eilwaith ar ei ddeheulaw
Y lleisiau birffraeth yn llys Aberffraw.
Yr oedd rhyw drist gerddor draw â'i delyn
Yn nhannau rhisgwyn yr ynn a'r ysgaw.

Y rhain oedd dyddiau yr hen ddedwyddwch
Pan oedd neuaddau'n olau gan elwch,
Pan oedd cwpanau heddwch yn llawn gwin,
A tharian gwerin yn ei theyrngarwch.

Pa fodd y gwywodd gwenith ar gaeau?
Pa fodd y surodd gwin yr amserau?
Oer eu llwnc yr holl lanciau yn y llys,
Surion, hiraethus yr henwyr hwythau.

Yn wawch o ddial yng ngwyll ei galon
Y tybiai glywed ateb y glewion,
Clywed lliwied y llwon a dyngwyd
A'r parch a werthwyd er poer a charthion.

Dôi murmur pader yn y pellteroedd
 gwayw hiraeth drwy'i ymysgaroedd,
Y pader ofer lle'r oedd yr elor
Ger gwely'r esgor, a galarwisgoedd.

Safai yn nrws ei ofid
A'i law mor wynias â'i lid.
Y nos hon nid ymnesâi,
Â'i alar yr anwylai
Un a fu'n oleuni'i fod,
A'i gwasgu gyda'i gysgod.
Yn neufyd un ystafell
Mae'r byw a'r marw mor bell.
Tad yr had o'i bru ydoedd
A thad ei marwolaeth oedd.

Safai ef yn nrws ei fyd,
Safai'n yr oesau hefyd.
Safai ar draeth hiraeth hen
Yr hil a adnabu'r heulwen
A llanw ei ddicllonedd
Yn torri, yn gloywi'i gledd!

Fel un yn fwyfwy diflin o'i fyfyr,
Gwelaf ef eilwaith yn galw'i filwyr.
'Roedd yno ddwylo ar ddur, ac 'roedd graen
I'w awch ar hogfaen caledwch Rhagfyr.

Oni bu'n darllen yn yr wybrennydd
Awr ei wrhydri gyda'r wawr waedrudd?
Ond awr y duwiau yw'r dydd y bo cnawd
Yn wynebu ffawd â dallineb ffydd.

Er addo'r heulwen ennyd
Rhagfyr oedd Rhagfyr o hyd.

Cans eto rhyngddo a'r ha', fel ynys
Felynwyrdd yr hindda,
Yr oedd cyfandir o iâ,
'Roedd iwerydd o eira.

* * *

Y rhewynt yn gareiau ar y bont,
A'r byd i'w hwynebau;
Maen y cof yn miniocáu,
Fel yr oerfel, eu harfau.

Fel un 'roedd deunaw o flaen y cannoedd,
Y cannoedd diadwaen;
'Roedd un mur o ddeunaw maen,
Un noethfur o wenithfaen.

Yn adwy'r bont, dôr eu byd, yn rhyfyg
Canrifoedd yr ennyd
Â deunaw gŵr, dyna i gyd,
Safodd yr oesau hefyd.

Yr iâ ar Bont Orewyn a redodd
Yn ffrydiau eiriaswyn;
Aeth deunaw yn naw, yn un;
Môr o waed oedd mur wedyn.

A'r angau ar ei eingion yn ieuo'u
Haearn yn freuddwydion;
Deunaw marwolaeth dynion,
Deunaw greddf yn gadwyn gron.

Nid oedd ond enaid iddynt, y deunaw
Na roed wyneb arnynt;
Deunaw gŵr dienw gynt
Ym mreuddwyd Cymru oeddynt.

★ ★ ★

Yntau Lywelyn, y tu ôl eilwaith,
Yng nghomin neb ac yng nghwmni'i obaith
Yn dod ar ei seithug daith megis un
Ar dro dielyn yn crwydro'i dalaith.

Ai rhaid i'r cof ydoedd brwydro cyhyd?
A oedd hen elyn yn elyn o hyd?
Onid ydoedd dywedyd am gynghrair?
Onid oedd gair yn anrhydedd i gyd?

Nid oedd i'r cynghrair ond un; un a'i ffydd
Fel ei ffawd i'w erbyn,
Cans ym mreichiau angau'i hun
Yr anwylir hen elyn.

★ ★ ★

Clywodd y drin. Ciliodd draw.
Erlid. Pedolau'n gurlaw.
Ym mlaen gwynt am Langanten,
Rhwygo'r lluwch fel agor llen,
Trwy gaeau fel trwy gywarch,
Eira'n fwg dan garnau'i farch
Yn tarthu'r hynt o'i wrthol,
Cymylu'r awyr o'i ôl.

15

Ond o'i flaen, ar daflannel:
Gwayw! Gwayw nas gwêl
Nebun ond a'i hwynebo;
Dall yw y byw ond lle bo;
A dienw yw dynion,
Diwyneb yn wyneb hon.

Ennyd losg a'i llond o lafn.
Ymwasgu yn dremysgafn.
Gwegian, hofran yng nghyfrwy
March nad oedd yno mwy.

I lawr, i lawr ar ddau lin
A'i waedd o'r lluwch yn toddi'n
Hafn o wêr, a'r llafn o hyd
Ynddo, wrtho, fel gwerthyd.

* * *

Yn ardd o wanwyn a'i angerdd yno
'N ei araf fwyta fe welaf eto
Gwymp y sêr o'i gwmpas o, gwelaf wrid
Blodau ei ryddid lle bu'r bâl drwyddo.

Bywyd ei farw ym mhob diferyn,
A'i ddod yn brigo drwy'r pridd barugwyn;
Y gwaed ar ddiffeithdir gwyn yn ymhel
Yn dawel, dawel fesul blodeuyn.

Yn Rhagfyr, Rhagfyr o ha',
A'i ddyfod yn ei ddifa.

Cans eto rhyngddo a rhith y gweld mawr
A gweld Môn dan wenith
'Roedd gwŷr Buellt y felltith,
'Roedd ple, heb arwydd o'u plith.

* * *

16

Gwelaf fflach y dur o'r awyr euog
Fel hollti onnen ar hap felltennog;
Gwelaf wŷr, cŵn glafoeriog yn safnrhudd
Rwygo'r ymennydd fel coludd ceiliog.

Gwelaf ei ben trwy wagle'n treiglo
A'r goleuni'n driagl ohono;
Daear fel pe'n adwyo oddi wrth
Ofod, yn swrth, a'r hollfyd yn syrthio.

Gwelaf ei freuddwyd heb ei freuddwydio
Yn awyr di-sang ei baradwys o;
Holl ddyfnder gwacter ei go' trwy'i wyneb,
A'r Dim diwyneb yn rhwyd amdano.

★ ★ ★

Ond yr oedd daear o hyd yn bwysau,
Yr oedd bysedd hefyd,
Fel ar bêl, yn taflu'r byd;
Dwylo'n ei siwglo'n soeglyd.

Tegan plant, ac yn eu plith surfelys
Orfoledd y felltith:
O dan eu traed, enaid rhith —
A Môn yn drwm o wenith.

Wedi hwyl, wedi hela'r diniwed
A'i ddadwnïo'n bedwar
Pob dedwydd gynydd a gâr
Ddandwn ei utgwn gwaetgar.

★ ★ ★

'Mae ôl llafn fy mwyell i
Ar ei war, faedd Eryri!
Ac yn agen ei wegil
Y mae drws diddymdra'i hil.
Y ffroen goch! Y ffyrnig wedd!
Ddynion, gwyliwch ei ddannedd!

'Gwelwch Addewid Gwalia
Heddiw'n dwyn newyddion da.
Gweddus yw inni guddio
Daear o dan ei draed o.
Bwrw andras o'n breindref
Oesau gras! Arwisger ef!

'Dygwch ei weledigaeth
O'i dir, rhag codi o'i waeth.
Dangos i'w lwyth ei dynged,
Da i'w lwyth wybod ei led.
Ei gof yn angof a gânt,
Ei drem wag, fe'i dirmygant.

'Gwelwch Benarglwydd Gwalia
Sydd heddiw mor driw i'w dras.
Rhowch iddo dorch o eiddew —
Moel ei glust anaml glew!
Yn deyrn i'w ddinas y daeth,
Chwifiwch ei oruchafiaeth.

'Nid yw drewgi'n darogan,
Na'r di-gefn yn gefn i'r gwan.
Heno rhoddwch benrhyddid
I gigfrain Llundain a'u llid.
Byr dro fe fydd angof hyn,
Heb argoel ddim o'r burgyn!'

★ ★ ★

18

Dydd byr yw pob diwedd byd; anadliad
Yw cenhedlaeth hefyd;
Nid yw Hanes ond ennyd;
A fu ddoe a fydd o hyd.

Am a oedd, felly y mae; a galar
Digilio yn warchae;
Cur â chur yn cydchwarae;
Yr un o hyd yw'r hen wae.

* * *

Rhwydd hynt i'r rhewynt yw'r archoll trwom
A gwayw fain yw y gaeaf ynom.
Hanes ni fyn mohonom; ym mharhad
Ein byw annirnad nid oes ben arnom.

Nid oes oleuni, nid oes elynion
A all godi gwg i'n llygaid gweigion.
Diffoddwyd ein breuddwydion onid aeth
Gweledigaeth yn gawl i daeogion.

Pa hwyl sy'n disgwyl ein pen diysgwydd
Yn uwd o gynrhon, a chnawd gwahanrwydd
Yn rhidyll o waradwydd? Ac yna,
Wedi histeria, pwy a glyw'r distawrwydd?

Pwy a fedd wyneb, pwy a fydd enau
I eiriol drosom ar ludw'r oesau?
A phwy, o waed, i goffáu ein digwydd
Yn anniddigrwydd ei hen, hen ddagrau?

* * *

Dagrau yw arf y claear;
Â llyfr ei gof, llwfr a gâr
Ddiogelwch dydd galar.

'Dawn y gwâr yw dwyn i go'
Echdoe'i hil a chydwylo
Â'r un nas gwelodd erioed,
A'i gofio fel ei gyfoed.
Dawn y gwâr yw nodi'n goedd
Adeg a diwedd bydoedd.

'Mae ein cof yma, ein man cyfamod
Ydyw'r gwenithfaen, henfaen ein hanfod
Yn ein gwasgu â'i gysgod rhag anrhaith
Y diwedd hirfaith, y byw diddarfod.

'Ym mreuddwyd y maen mae rhyddid y munud,
Yn nhrem oer ei drwch y mae'r marw drud
A saif i'r oesau hefyd yn angor
I'n daear ym môr y diddymdra mud.

'Hwn yw maen ein hamynedd,
Maen ein byw ym man ein bedd.
O'i fod y sugnwn ei faeth,
O'i osgedd ei gynhysgaeth
I'n galar, a rhag marwol
Fin y saeth ef yw ein siôl!'

★ ★ ★

Nid yw ein maen ond maen mud
A saif tra bo Sais hefyd.
Heno rhoddwn benrhyddid
I gigfrain Llundain a'u llid.
Dygwyd ein gweledigaeth
O'n tir trwy gynghrair. Ta waeth.

Fferrwn ni yn ffeuau'r nos,
Hen, hen wawr sy'n ein haros.
I'w golau hi deffry gwlad,
Hi yw diwedd dyhead,
A'i chledd ym mhlygion ei chlog
Yn ddi-iaith, yn ddwyieithog,
Ac ynddi hi, gyda hyn,
'Wêl neb argoel o'n burgyn.

★ ★ ★

Hyn oll a welaf, a phen Llywelyn
Uwch dyrnau'r deri'n oedi'n llygadwyn.
I wlad y darfod mae'i glwy' diderfyn
O wagle'r breuddwyd fel glaw ar briddyn.
Mae ei wawr, i'r neb a'i myn, yn gwarchae
Daear ei wae, hyd nes y daw rhywun.

Oni ddaw'r deunaw, y distaw dystion,
I'w hen baradwys megis ysbrydion?
Y gwŷr dienw â dagrau dynion
A fwriodd waed dros yr holl freuddwydion.
Hwy, o gnawd, a all gynnau hon, Gymru'r nos,
A'i bedd yn agos a'i beddau'n weigion.

Afon

Pan feddwn dalent plentyn
I weld llais a chlywed llun,
Maint fy myd oedd hyd y ddôl,
Ac o'i glaswellt gogleisiol
Y rhwyfwn donnau'r hafwynt
Yn fy nghread gwastad gynt.

Yn niagra'r unigrwydd onid oedd
Sŵn Dim yn gyfarwydd,
Yn storom o ddistawrwydd?

Ac un dydd, fel bachgen dall,
Synhwyrais ryw sŵn arall;
Sŵn llestri'n torri'n y tŷ,
Sŵn deiliach wrth sandalu,
Ond trymach, dyfnach ei dôn
Yn rowlio dros orwelion;
Un daran wedi aros,
Un daran hir drwy y nos.

Drwy'r bwlch oedd ym mhen draw'r byd
Llifodd i'm deall hefyd.
Gwelais risial fy mhalas
Ar ddelw hud o'r ddôl las.
'Roedd dawns yng nghyfaredd dŵr,
Miwsig gwledd ymysg gloywddwr.
Hon oedd caer brenhinoedd coll
A'u hencil ar ddifancoll.
'Roedd aur yn selerydd hon,
Casgedau mewn cysgodion.

Yn y rhyd neidr ydoedd
A draig yn y rhaeadr oedd,
A'i glafoeriog lifeiriant
Yn ewyn poeth yn y pant.
Minnau'n farchog o hogyn,
Yn dduw cyn bod eto'n ddyn,
A'm bron yn cyflymu braidd
Wrth ei herio'n arthuraidd!
Hawdd i'r ifanc oedd rhyfyg,
A pha ots mewn brwydr ffug
Mai o frwyn 'roedd fy helm frau,
Mai cyll oedd fy mhicellau?

Ar adeg o ddireidi,
A'r 'ddeddf' ar fy nhrywydd i,
Hi oedd diwedd y dianc,
Diwedd y byd oedd ei banc.

Ac i'r ifanc ifanc oedd,
'Run nwyd, 'run oedran ydoedd.
Bu sawl simsan drwstan dro
Yn ei lli a mi'n llywio
I rywle garreg o gwch.
O, ddiferol ddifyrrwch!
Chwarae'n hir, mor hir â haf
Diddiwedd y dydd hwyaf.

Rhyw haf dienwair hefyd
Pan oedd dŵr fel merddwr mud,
Rhoi fy llaw heb darfu llun
Yr awyr am fod rhywun
Yno'n gledd wrth rwymyn glan
A'r dŵr yn rhydu'i arian.
Meiddio'n nes. Fe blymiodd. Na!
Ei fol oerwyn fel eira

Ar flaen nerf; fel hen arfer
Boreau dyn, a'r un her
O'i fwytho'n ysglyfaethus
Â llesmeiriol farwol fys.

'Roedd saeth marwolaeth ym mwa'r helyg
Ar ôl i fore alw ei farrug
O'r afon, lle'r oedd rhyfyg brithyllod
Yn woblo, driblo drwy'r dyfnder hyblyg.

Un eiliad o las anelwyd i li
Brydferthwch bollt, a brithyll yn hollti;
Diflannodd gan ymdoddi'n euogrwydd
Y llwyn, heb arwydd ond pwll yn berwi.

O'r hesg edrych ar sgwadron
Yr hwyaid chwim yn sgimio'n
Hwyr y dydd dros rynwe'r don.

A'r creyr ar ei bric erioed,
Amynedd pendrwm henoed,
Yr un trans ar yr un troed.

Gweld y dyfrgi-dorpido'n
Rhwygo dŵr, a'i darged o'n
Erchyll sgrech a llosg wreichion,
A phlu y corff liw ewyn
Oedd ar wasgar, a phlisgyn
Yr olew gwaed ar li gwyn.

A mynd yn nhrafferthion mam
Wnâi dwy ungoes iâr dingam,
A'i chorff yn fyrrach na'i cham.

Gwylio'r fuches yn nesu,
A tharth lond buarth lle bu.
Sigo'i ffordd drwy hesg a ffeg,
Rhythu'n swrth, nos o wartheg.
Dirwyn yn unfryd araf
I ddŵr rhyd i foddi'r haf.

Y dŵr dwys yn nhrymder dydd
Yn llen o felfed llonydd,
Yna'r praw o gipio'r pry, —
Olwynion yn diflannu,
A'u diflaniad fel einioes,
Eu diwedd yn ddiwedd oes.
A darfu'r hwyl, cans drwy frad
Ei thonnau aeth chwerthiniad
Fy chwarae hefo'i cherrynt,
Fy haf hyd eithaf ei hynt.

Onid un eiliad oedd lle dynoliaeth,
Un hoedl unnos yn ei chwedloniaeth?
'Roedd arial ei cherddoriaeth cyn bod cof,
Yr oedd hi yno fel hen farddoniaeth.

Hwythau'r hydrefau fu'n rhydu'r afon,
A'i dur a welwodd cyn bod meidrolion;
Dagr hir dan leuad gron ganol nos
Yn gwanu dunos cyn geni dynion.

Ynddi hi yn ddiwahân y naddwyd
Mynyddoedd yn fychan;
Llechi mawr yn llwch marian,
Creigiau'n mynd fel cregyn mân.

Melinydd drwy'r miliynau
Blynyddoedd oedd, cyn bod hau,
Am nad oedd y trum ond us,
Mynydd yn ddim ond manus!

25

Gaeaf a haf oriog fyd a'u heinioes
Ddinerth wrth y funud
Ond afon, fel rhwng deufyd,
Er yn hen, yr un o hyd.

Hydref yn teimlo'i oedran yn y cwm,
A'r coed yn eu cwman;
Hen wŷr yn rhannu arian
Hyd y dŵr, a'r dŵr ar dân.

Y hi'n ddilyw o ddeiliog, a hwythau'n
Goed noethion, anwydog;
Bedwen mor foel â bidog
A masarn fel haearn og.

Pan ddaeth Tachwedd fel meddwyn
Yr oedd braw yng ngwraidd y brwyn.
Hithau'r ddôl a'i dyddiol darth
Yn ddôl dduwiol o ddiarth.
Nid hon oedd fy afon i
A gwedd eglwysig iddi!
Ac erbyn gwawr Ionawr aeth
Mor welw â marwolaeth.
Ewyn stond fel ffenest oedd
A llenni dros ei llynnoedd.

Fan hyn oedd terfyn hanes, a'r afon
Rywfodd fel abades
Dan orchudd o lonydd les
Eira main ar ei mynwes.

Helygen dan benglogau o farrug
Ar fore'r angladdau,
Gwern a brwyn yn esgyrn brau
A'r bedw'n ysgerbydau.

Tawelwch yn llond dwylan, a'r gaeaf
Tragywydd ar dorlan;
Rhyw welw hud wedi'r lan,
Dirgelwch wedi'r geulan.

Fy nyddiau, afon oeddynt,
Mân donnau fu oriau'r hynt.
Aethant fel breuddwyd neithiwr
Neu wib dail ar wyneb dŵr.
Dychwelodd talent plentyn
I weld llais a chlywed llun.

Gwanwyn

Hoga'r gwynt fidogau'r gwŷdd,
Miniog yw Mawrth y mynydd,
A'i lwydgroen yn galedgras,
Y grug crimp yn gerrig cras.
Priciau gwynt yn procio gwâl
Y grows a'u pigau grisial.
Gweill hyd y byw yw'r gwellt byr,
Dan draed yn dir o wydr.

Arloes dan slaes yr eirlaw,
Hen Foel Cefn Llwyd fel cefn llaw,
A'r praidd ar eu braster prin
Yn cnoi heth, a'u cnu'n eithin.
Ymgasglant yn dremgysglyd
Yn nhin clawdd mewn newyn clyd.
Twrw troed tua'r adwy
Yw awr fawr eu gaeaf hwy,
Ond mwy, sŵn dim sy'n y das,
Eco eilwaith drwy'r cowlas.

Aerwy'n dynn, y côr yn darth,
A'r baw yn llenwi'r buarth.
Aeth uchder ymborth echdoe,
Aeth coflaid yn ddyrnaid ddoe.

Er im' ddyheu y deuai,
Yn niwedd Mawrth ni ddaw Mai.
Ofer im' yw crafu'r og
Tra deil llun traed y llwynog.
Y mae'r cwm fel muriau côr,
Beddwisgoedd lle bydd esgor.

* * *

Os hir yw gwarchae gaeaf ar Gletwr,
A'i Glytiau'n ddiwethaf,
Cyn cano cog gwn y caf
Oen gwantan, drwyn yn gyntaf.

Mi wn y caf ddymuniad fy hen hil,
Caf yn nhor y ddafad
Hen ddyheu mewn newydd had,
Ein holl ofal mewn llyfiad.

Rhoi'i ysgwydd ar ei hesgair, a'i 'nabod!
Un hwb ar ei bedair;
Sychedig flysio'i chadair
Yn din i gyd yn y gwair.

Bywiogi! Gwib i begwn y weirglodd
Yn warglust, gynffongrwn,
A daear Tyddyn Barwn
Yn rhoi naid yng ngharnau hwn.

I'w anterth y daw yntau, i'w orchwyl
O warchod gwanwynau
Diadell fy nghyndeidiau
Nes daw twrn rhyw hesbwrn iau.

* * *

Yfory fe gyfeiriaf
Braidd y Rhos i aros haf
Yn y mynydd; 'dyw'r meinwynt
Ond rhyw atgof gwallgof gynt.
Hir yw eu trec a cheir tro
Yn y galon tra'n gwylio
Eu hewyn ffres yn y ffridd,
Unffrwd yn croesi'r Henffridd.
A Nel yn ei helfen wâr
Fel awel hefo'r ddaear;

29

Sodlu'n glòs, annos a hel,
Fferru'n iasoer, ffroen isel
Yn barod, a gwib arall
Ar hanner tro, gwyro'n gall,
A'i hanadlu tafodlaes
Yn codi mwg hyd y maes.

* * *

Mae'r ddaear eang yn gwybod angen
Baban ei gwyll; ar bob un gweillen
Mae 'dafedd drachefn; pob gwig a chefnen
Eithinog wrthi yn gwau y garthen.
Hithau a ŵyr drwy'i chroth hen, wrth glywed
Yr ias o'i harffed, fod brys i orffen.

Heddiw ceir rhyw nerthoedd caeth
Yn meirioli marwolaeth;
Rhoi gwain am fidogau'r gwŷdd,
Menig am ddyrnau'r mynydd.

Igian grows uwch gwin y grug,
Sŵn yr haf sy'n eu rhyfyg,
Gan wybod bod tri mis byr
Nes daw Awst y didostur.

Arloes gan dwf yn orlawn,
Hen Foel Cefn Llwyd fel cafn llawn,
A'r praidd fyrdd uwch gwyrdd y gwellt
Yn eirlysiau ar laswellt.

Rhu am wair ni chlywir mwy
Yn y côr na thinc aerwy.
Mae ers dyddiau glytiau glas
Yn edliw llwydni'r gadlas.

Mae lliwiau balm lle bu ôl
Y merwino; mae'r wennol
Wrth ei nyth, a'm trothwy'n awr
Yn wynnach nag yn Ionawr!

Y cwm lle'i ganed sy'n cymell gwennol;
Yn nherfyn y daith mae rhyw fan dethol;
Yno mae bargod y to cysgodol
Ac yno eilwaith mae'r wal gynhaliol.
I'w hen nyth daw hithau'n ôl fel minnau,
I hen dulathau y rhin dylwythol.

Eto o'r rhiniog fe geir trywanu
A chwiban bidog uwchben y beudy,
A hithau eilwaith wrth raid ei theulu
Yn rhwygo nen rhag eu newynu;
Big ym mhig yn eu magu yng ngwres braf
Cegin tŷ haf, a'r cegau'n tyfu.

Cyn hir fe deflir un bach o'r daflod;
Bydd tro'n ei galon wrth weld y gwaelod!
Ofnwr nerfus ar fin yr anorfod;
Awydd mawr ond adenydd amharod,
Nes bwrw ar ddisberod draw o'r grib
Yn ddewr ei wib ac yn ddiarwybod!

★　★　★

Rhyw hen ddyheu sy'n esgyrn y ddaear,
Mae ei hawydd yng ngwinedd y mwyar,
Mae'n cymell fel cymell câr, mae'n aros
Gan wayw llosg yn ewyllysgar.

Y mae ystwyrian rhyw rymusterau
Yn ei hymennydd, ac yn ei mannau
Tyner mae tyndra tannau, a'r awel
Yn ei phridd isel yn cyffwrdd iasau.

Yn ei thymor swrth mi ddigiais wrthi,
A hi'n esgyrnog yng nghwsg ei hoerni;
Mae adeg ein cymodi o'r diwedd;
Mi ddof i'w hedd a maddeuaf iddi.

Ynom eleni y mae ymlyniad
Hen wanwynau yn nhwymyn ein huniad;
Ynom ni y mae hen had i'w golli
A'i anfarwoli yng nghynnwrf yr eiliad.

Rhyfedd gyfaredd y swch a fwriaf
Yn dynn yn ei chlai hyd oni chlywaf
O'i chnawd hi ochenaid haf, griddfanau
Tonnau ar donnau yn torri danaf.

Llwyr ein boddhad pan fyddo'r adar
I'r hwyr yn esgyn ar awr ein hysgar;
Yn y rhwyg bydd cochni'r âr, a bydd ôl
Hen friw morwynol y wefr ym mraenar.

Ac ar y dalar caf wyro deulin,
Ac ôl y gawod yn gloywi gewin
Yr had; yng ngosteg yr hin caf wrando'r
Amrannau'n agor mewn mymryn egin.

*   *   *

Yn nhwf yr egin gwelaf wrogaeth
I egin adladd rhyw hen genhedlaeth.
Ym mhranc oen ifanc y mae hynafiaeth
Ac oen na welodd iddo'n gynhaliaeth.
Caf yn nhroeon hwsmonaeth pan fyddo
Un groth yn rhwygo wyrth hen rywogaeth.

Ym mhob cenhedlaeth mae cenedlaethau,
Ym mraenar daear mae rhwd ei doeau.
Mae'r gwaed a droes yng nghoedwig yr oesau
O fewn y ddeilen a fynnodd olau
Eleni, had o lwynau pob gwanwyn
Yn had y gwanwyn a aned gynnau.

★ ★ ★

Hyd weryd Tyddyn Barwn fe welaf
Fy hil fel ar femrwn;
Hendaid yng nghof ei wndwn,
Fy hen dras yn nyfnder hwn.

Wyf wanwyn o wanwynau fy nhylwyth,
Wyf yn ôl eu camau;
Rhoed eu cof ynof finnau
A rhoed eu bryd i barhau.

Mae im' obaith ymwybod â'r tir hwn
Lle rhoed tro i arfod
Hen hafau cyn fy nyfod,
Cynhaeaf maith cyn fy mod.

A bydd ei bridd tra byddwyf a'i afael
Ar fy nghof fel pruddglwyf;
O'r un waed â'r Waun ydwyf,
Un â phridd yr Henffridd wyf.

A daw olynydd o hyd i lenwi
Rhesel asennog, a'r gwynt yn hogi
Llafnau ei gyllyll o fewn y gelli.
Drwy wlith yr Arloes bydd gŵr yn croesi
Ar hyd ôl fy neudroed i wrth fyned
Â'r praidd i waered, rhag i'r pridd oeri.

Fy Nhad

Awst y wên, fe guddiaist wg
yn dy galan digilwg,
ac ar ddeurudd ddydd dy ddod
nid oedd oerfel dy ddarfod.
Yn y cof deufis cyfun
ydwyt, Awst — dau Awst yn un:
Awst ennill bri, colli câr,
Awst gŵyl ac Awst y galar.

'Rwy'n chwilio f'atgof fy hun
a'm cael ar ffordd Cwm Celyn.
Oedi'n y diwrnod ydwyf,
byw'r darfod bob diwrnod wyf;
ei fyw o hyd yn 'run fan,
a'i fyw ynof fy hunan.

Daw'r ennyd o hyd yn ôl
a'i synau'n hollbresennol.
Un dydd o'm heinioes nid af
o'u clyw; mi wn y clywaf
freciau a sglefr eu heco
a'r cyrn yn byddaru'r co'
a gwn y gwelaf ganwaith
ddiderfyn derfyn y daith.
Gwelaf ei fynd o'r golwg,
y glaw mân a'r arogl mwg,
y ffordd yn deilchion, a'r ffens
yn yr adwy yn rhidens;
gweld ei fynd i'r dibyn du
a'i ffarwel wedi fferru.

Yn hwyr iddo y rhoddais
fy llaw a chwmni fy llais;
hyder yn nyfnder ei nos,
anogaeth rhywun agos.
O Dduw mawr, rhaid oedd i mi,
fel ei dad, ei faldodi,
ond yr oedd fy ngeiriau'n drwch
tu allan i'r tywyllwch;
ni allai serch y llais hwn
gyrraedd yr un a garwn,
a digariad hyd gyrion
ei wyll ef oedd y llaw hon.

Mor rhwydd ar ysgwydd yr âi
ond eisoes fe'm gadawsai.
Mor chwith yn fy mreichiau oedd
ond fy nhad fy hun ydoedd;
hwnnw a roesai'r henwaed,
a roesai gynt wres y gwaed
ynof fi; gwae fi ei fod
â'i waed arnaf un diwrnod.

Ei roi i lawr ar ddaear wleb
y waun, a'r nef i'w wyneb,
ac yng ngaeaf yr hafwynt
dyrnu'r fynwes gynnes gynt;
dyrnu gan fynnu ei fod,
dyrnu, ac ar bob dyrnod
disgwyl rhyw gryndod ysgafn
i fywiogi syrthni'r safn.
Dduw Dad, a faddeui Di
waith fy nwrn, gwarth fy nhaerni?
Canys mae'r orig honno
yn fy nghwsg, ac yn fy ngho'

dyrnu ei fron eto wnaf,
dyrnu, a'i lygaid arnaf.

Diymadferth oedd perthyn,
di-fab oedd fy nhad fy hun.
O roi ei ffun i'm corff i
dau gymaint y gwae imi
na fedrwn â'm bron feidrol
roi'r ffun hon i'w gorff yn ôl,
a gwae o hyd fod im' gof
y byw hwn: tra bo ynof
ei ffun ef bydd coffa 'nhad
yn edliw pob anadliad.

Nid oedd ymddiddan rhwng dau
am unwaith; ef a minnau
o'r un dras ar y waun drom
a'r angau'n ddieithr rhyngom.
Eto, er mor ddiateb
oedd fy nhad, yn anad neb,
nid oedd ddim nas dwedodd ef
a'i dawelwch fel dolef.

'Roedd llygaid diamnaid, oer
ei weld olaf fel dwyloer
lydan ar noson lwydwag
yn nhalcen ei wybren wag;
diamser ym mhellteroedd
eangderau angau oedd
yn hwylio'n ddiwehelyth
o'm byd, o'm bywyd am byth.

★   ★   ★

Mae hanes na wn mono,
mae llwybrau'n cau yn y co'.
Ar hen fap troeon a fu,
mytholeg cwm a theulu,
mae enwau na wn monynt;
rhostir gwag yw'r ystyr gynt;
ni wn i y cof a wnaeth
furddunod yn farddoniaeth.

'Roedd daear yn ei siarad,
'roedd iaith y pridd, iaith parhad
ar ei wefus; canrifoedd
o'r hyn yw yr hyn a oedd.
Cyhyd ag amser oedd co'
a thafodiaith ddifudo.

Ei fugeiliaeth fu'i goleg
ac oriau dysg ara' deg
tymhorau'r oesau nes aeth
i'w esgyrn hen gynhysgaeth
diwylliant diadelloedd.
Gŵr yn byw gwarineb oedd,
yn rhoi ar gof fydrau'r gwâr,
yn deall rhithmau daear.

Clywai yr hyn nas clywem
dair erw draw. Eryr drem;
gwelai regen mewn gwenith;
ar fy ngair, fe glywai'r gwlith.
Trwy'r deall nas deallwn,
yn nhir y cyrch cyn i'r cŵn
godi'r llwynog darllenai
reddf am reddf pa ffordd yr âi.

Awr ddifyr oedd f'oriau i
yn ei glywed yn gloywi
trywydd, ailadrodd troeon
a fu o'r Berwyn i Fôn.
Lawer hwyr chwedleuwr oedd,
Gwydion y llwynog ydoedd,
cyfarwydd y cyfeiriau
yn ail-fyw yr hen helfâu.

* * *

Ar foel y griafolen
lle mae pob haf yn haf hen,
lle mae pob hydref hefyd
o fewn co'n ifanc o hyd,
yn fan hyn y rhoed fy nhad;
hwn oedd man ei ddymuniad.

Daethom i'r llecyn dethol
o'i Ferwyn ef i'w roi'n ôl
wrth drefn ddiwrthdro yr hin
yn nefoedd ei gynefin.
Y marw a'r tymhorau
aeth yn un wrth inni hau
dyrneidiau o'r hyn ydoedd
a'i roi yn ôl i'r hyn oedd;
rhoi'n y tir y naturiol,
natur i natur yn ôl.

Yn fy nwrn mor ysgafn oedd;
hyn, fy nhad, mor fân ydoedd.
A'r awel o Gwm Rhiwarth,
nid oedd ond ennyd o darth.
Un awel o ddeheuwynt
aeth â'i lwch i'w fythol hynt
fel anadl yn diflannu'n
gysgod o'i hanfod ei hun;
yntau'n un â'r gwynt yn ôl,
un â'r ias sy'n arhosol.

Yn y grug yn fintai grom
a'r mynydd yn rym ynom,
golau ydoedd ein galar
wrth hen gof y perthyn gwâr,
a'n llinach yn peillioni
y darn hwn o'n daear ni.
Crewyd gardd â thro'r arddwrn,
llanwyd nef â llond un wrn.

Anfarwol yn ei Ferwyn
yw fy nhad o'i fewn ei hun.
Difarw ei farw fydd,
ir a gwyw yn dragywydd.
Pan ddaw'r haf i'r criafol
daw fy nhad i'w haf yn ôl;
daw'n ôl o hyd yn heulwen
yr un Awst â'r Berwyn hen;
yn Awst ei rug ystyr yw
a pharhad porffor ydyw.

Ifan Gist Faen

Sŵn traed yn atsain trwy wyll,
Sŵn du ar noson dywyll;
Rhywun yn herio rhewynt
Mynyllod ddigysgod gynt;
Un hwyl yn croesi eilwaith
Iwerydd y mynydd maith.

Os rhoir nod ar siwrnai hir
I'n harwain, fe'i hanerir;
Ac i ddyn ei hun 'roedd nod
Yn nhywyllwch Mynyllod;
'Roedd aelwyd ar ddeheulaw
Ac 'roedd drws trugaredd draw;
Drws hwyrol ar draws hirwaun,
Gwesty i feirdd — Y Gist Faen.

Annedd hen fel barddoniaeth,
Cyn cof fel ein canu caeth.
'Roedd yno fardd yn ei fyd
Ei hunan; ambell funud
Dôi yn ei ôl i'n byd ni
Gan ddwyn a ganodd inni.
Gwthio cwys a gweithio cân
Fu lle safai llys Ifan.
Rhoi y dydd hir i'w dyddyn,
A nos i'w awen ei hun.
'Sgwennu'r dasg yn ara' deg,
Rhwbio pridd ar bob brawddeg.

Rhyw fain dâl ar derfyn dydd
Yw pres mân pwrs y mynydd,
Ond awen i'w pherchennog
Rydd ambell linell o log.
Yn nhir mud yr oriau mân
Y fath gyfoeth gâi Ifan!

Rhwng difuriau ffiniau'r ffeg
Hen fro Celyn fu'r coleg
Ac addysg unigeddau
Daear a'i bryd ar barhau;
Rhydychen y fargen fach,
Caer-grawnt yr acer grintach.

Enillaist ar Fynyllod,
Y Gist Faen ddygaist i fod.
Ond caled tynged i ti —
Mae'r don ym mro dy eni,
Ac fe fydd y mynydd maith
Yn hawlio'r Gist Faen eilwaith.
Dy resi gynt â dros go',
Diwedd olion dy ddwylo.

Ond bydd dragywydd dy gân,
Geilw cof dy glec, Ifan,
A daear fras dy awen
Erys yn ir, os yn hen.
Porfa dda am oes i ddod
Yw gwyrdd dwf dy Gerdd Dafod.

Trafferth mewn siop

Euthum, nid ar fy noethaf
o un doeth, i le nid af
iddo eilwaith — siop ddeulawr
wrth y môr a'r Gogarth Mawr.

Syniadau Marx, nid i mi,
Gymro ariannog, mae'r rheini!
'Rwy'n ddilys gyfranddaliwr
yn hon o siop, ond 'rwy'n siŵr,
yn siŵr o hyn — â'm siâr i
fe dynnaf waed ohoni.

Y 'Dolig oedd yn dal gwn,
'Dolig yn dweud y dylwn
wario'n hael ar anwyliaid
yn naws yr ŵyl. Wel, os rhaid
oedd gwario, gwario i gael
y difi da ei afael!
Dyna wnes, mae dyn yn wan,
o fewn fy siop fy hunan.

Ymhen yr awr, mae'n wir, 'roedd
fy nwyddau yn fynyddoedd,
a'm henaid, rheswm annwyl,
yn drwm gan ysbryd yr ŵyl.

Euthum i dalu'r gwaethaf.
A fan hyn, cyfaddef wnaf
fy mod yn dewis fy merch,
y talfan lle ceir tilferch
ddel. O, mae'n wir na ddylwn
ond fy hoff wendid fu hwn,
canys rhyw bleser cynnil
leiha'r boen o dalu'r bil.

Yr oedd un o'r myrdd yno,
eneth bert yn ei thei-bo,
a aeth â'm bryd ynfyd i.
Gwallt tywyll . . . na, gwell tewi
oherwydd y mae rhywrai
wrth eu bodd yn carthu bai.
Sylwais, rhyw ddigwydd sylwi,
ar y naill o'i dwyfron hi —
heb fawr ddim ond cip chwimwth —
yno 'roedd ei henw — Ruth.

Yn y man, yn fawr o'm hôl
yr oedd enaid barddonol
ei ogwydd, a rhwydd yr aeth
i ddewino'i farddoniaeth
o'i ben, dirwyn tribannau
drwy'i geg, a'i lygaid ar gau.
Gwnâi ef englynion hefyd
a'r rheini'n iawn o ran hyd
ond eu bod yn hynod big
a'u diflastod fel lastig,
a minnau yn amenio,
yn porthi'i gamp wrth i'w go'
eu tynnu hwy eto'n ôl
o wyll eu haeddiant hollol.
Ond, os anodd yw goddef
ffŵl byw o'i gyffelyb ef,
y mae ffŵl sy'n un o'm ffans
wythnosol, er peth niwsans,
wedyn yn werth ei gadw —
hyn-a-hyn sy' ohonyn nhw!

Tiliodd Ruth y tâl, oedd ddrud,
a'i ofyn â gwên hefyd
yn rasol, ac wrth reswm
mi wnes siec am hynny o swm.
Ar hyn lled-lewygodd Ruth
ac edrych yn llygadrwth
ar fy siec. Cynhyrfais hi,
fe roddais ryw fraw iddi.
Ni wyddwn beth oedd yn bod,
wynebwn ryw anwybod.
A oedd Ruth gegrwth yn gaeth
i ryw ddinistr-ddewiniaeth,
i ryw dywyll gredoau
o'r hen fyd a'i ddychrynfâu?
Ai ystyr hud sinistr oedd,
ai **voodoo** rhyw rif ydoedd?
Na, O na, 'roedd hyn yn waeth
na hynny; nid sataniaeth
oedd hyn na chelfyddyd ddu —
ar yr iaith 'roedd hi'n rhythu!

Y Ruth hon, un brydferth oedd,
ond Ruth ni fedrai ieithoedd,
a rhwyddach yn wir iddi
fuasai cael fy siec i
yn ei hiaith finfain ei hun,
y Gogarthes gegwrthun!
Ei hawydd hi yn ddi-au
oedd y gwir, a oedd geiriau
y siec yn gyfwerth â'r swm.
Rhywsut 'roedd ganddi reswm
i gredu nad gwir ydoedd
am mai'r gwir yn Gymraeg oedd.

Mynnai farn un mwy na fi
(O, ryfyg!), mynnai brofi
o flaen gwell mai dichellwaith
o f'eiddof fi oedd fy iaith.

A'r mŵd yn prysur drymhau
canwyd cloch, canwyd clychau.
Na, nid oedd eu nodau dig
yn deilwng o'r Nadolig.
Ymhen cryn ddeuddeng munud
o warth hir daeth Ruth o hyd
i ryw Dawn, merch glyfar, deg,
dwyieithrwydd o gydweithreg
a roes ei chrebwyll ar waith,
a hynny yn ei neiniaith.
Ond na, nid oedd Dawn yn dallt
un gair o famiaith Gerallt
eithr 'roedd ei **Welsh 03**
wedi hen fynd ohoni.

Aed â'r siec i ben draw'r siop,
dro hir, fel pen draw Ewrop.
'Roedd yn awr giw mawr o'm hôl
yn rhes hir nid rhy siriol.
Tawodd y peiriant awen,
syllai heb un sill o'i ben,
a diau iddo dewi
am i'n hiaith ddod rhyngom ni.
'Roedd honno mewn barddoniaeth
yn OK, iaith canu caeth
a gwneud cyfleth a'r Pethe,
hen iaith ein llwyth yn ei lle;
iaith at ddiben hamddenus —
ni bu erioed yn iaith brys,

ac ym musnes pres pa raid
eithafrwydd dros iaith afraid?

Mynd wnâi'r munudau'n ara'
nes dwyn pob ewyllys da
o blith yr holl bobl oedd
yn dirwyn i'r pellteroedd.
Yn ôl eu sibrydion hwy
'roedd y ciw'n cyrraedd Conwy.

Unig y safwn innau
yn rhyw how-edifarhau
am fod yn myfi fy hun,
yn eithriad, yn ddieithryn
yng Ngwynedd, gwlad fy ngeni.
Un nad oeddwn oeddwn i
yn trigo'n hawnt rhyw gyn-iaith,
yn siarad deinosoriaith.

Fe wnâi Sais gryn fwy na sŵn!
Ninnau'n ddof, ddof oddefwn
ein gwarth. Y Saesneg o hyd
ni chymer hanner ennyd,
a'r Gymraeg a gymer awr
dan ddiolch nad yw'n ddwyawr.

'Roedd mawr ddyheu am ryddhad
oherwydd clywswn siarad
hyd y siop, lled-glywed sŵn
cyhuddiad mai crwc oeddwn.

Ond yna trwy'r dyrfa daeth
ara' deg waredigaeth
ar gerdded: gwraig o urddas
na wybu 'rioed roi cam bras.

Cyrhaeddodd toc. Yr oedd tôn
ei neges yn siort ddigon
wrth oddef cyfaddef fod
rhywun uwch ei farn uchod
rhywfodd yn medru profi
onestrwydd f'unieithrwydd i.

Oddi yno'r es yn ddyn rhydd
ond yn is na dinesydd.
'Madael â'r pencerdd mudan
a ffoi o wg fy nghyn-ffan,
heibio'r ciw, a'r ciw cyhyd
â Hanes fesul munud;
mynd yn bendrist a distaw
at y drws dieto draw,
cans os caf gan y Diafol
fyw yn hen nid af yn ôl
i ddelio â'r siop ddeulawr
wrth y môr a'r Gogarth Mawr.

Tryweryn

Nid oes inni le i ddianc,
Nid un Tryweryn yw'n tranc,
Nid un cwm ond ein cymoedd.
O blwyf i blwyf heb na bloedd
Na ffws y troir yn ffosil
Nid un lle ond ein holl hil.

Boddir Eryri'r awron,
Nid ynys mo Ynys Môn.
I dir Llŷn daw'r lli anial
Heb angor Dwyfor i'n dal
Wrth harbwr iaith, wrth barhad
A thirwedd ein gwneuthuriad.

Fesul tŷ nid fesul ton
Y daw'r môr dros dir Meirion;
Môr o wacter Cymreictod,
Môr na bydd un Cymro'n bod
Ar ei lan diorwel o
Un diwedydd dihidio.

O dyddyn i dyddyn daeth
Diwreiddio'n daearyddiaeth.
Yn y Llwyndu mae Llundain,
Mae acen Bryste'n Llwyn Brain,
Lerpwl mwy sy'n Adwy'r Nant,
Manceinion ym Mhenceunant.

Mor glên am aur gelynion
Ac mor rhad yw'r Gymru hon;
Cymru ddrud ein hunfryd hedd,
Cymru rad ein cymrodedd;
Mor glên yw ei thrueni,
Mor rhad yw ei marw hi.

48

Nid yw'n y pris bris ein brad;
Am hynny, trwy'n dymuniad
Awn dan y dŵr, cydio'n dynn
Yn ein celc, heb un cilcyn
O ddaear, heb le i ddianc
Ond un Tryweryn ein tranc.

Cywydd Croeso

(Eisteddfod yr Urdd, Dyffryn Nantlle 1990)

Y mae'r gaer oedd yma gynt
Heno'n gorwedd dan gerrynt
Y môr mawr, ond mae'r muriau
O fewn y cof yn nacáu
Erydu'n llwyr dan y lli.
Oes, mae einioes i'r meini.

Er i'r môr a'i rym o hyd
Ein difa, codi hefyd
Yw'n harfer; ailymffurfio
Yn wyneb tranc wnawn bob tro;
Cael ail nerth, er cilio'n ôl;
Addasu'r ceyrydd oesol.

Caer Arianrhod, fe godwn
Ei muriau hi o'r môr hwn
A throi rhith ei thyrau hen
Yn real â gorawen
Ein Cymreictod, ailgodi
Dorau'r llys o ddyfnder lli.

Ag un nod, cefnogwn hwyl
Cymry ifainc ym mhrifwyl
Eu doniau, a boed inni
Eu nerth yn nerth; boed i ni
Lawenydd eu hymlyniad
A'u hasbri hwy dros barhad.

Hawliwn lys, cynhaliwn wledd
A gweini croeso Gwynedd;
Ei weini yn yr heniaith
A'i fwynhau yn nwyf ein hiaith,
Ac i'n plith yn lledrithiol
Fe ddaw Lleu i Nantlleu'n ôl.

Gwenllian

Cyfoesedd cof sydd cyhyd
â Hanes. Y mae ennyd
rhyw farw hen mewn hen oes
i'r cof yn farw cyfoes.
Yr un o hyd yw'r hyn oedd,
un rhyfel yw'r canrifoedd.

Y mae'r cof am wraig hefyd
a'i hangau hi'n dwyn ynghyd
ein doeau oll i un dydd,
a'i breuddwyd o'r boreddydd
yr un o hyd â'r hyn oedd —
Cymraes yn camu'r oesoedd.

Y mae'n un â'n mamau ni,
ac ynom ym mhob geni,
yn parhau ym mhob rhiant,
a'i hepil hi yw ein plant;
ynddi hi Cydweli ddaeth
yn Gydweli'n gwaedoliaeth.

Daw i ni ein doe yn ôl;
pris Hanes yw'r presennol.
Hil heb lais na hawl, heb wlad
na ffin yn amddiffyniad,
heb wir dir, yn frodorion
y Gymraeg ddi-Gymru hon.

Hawliwn y tŷ, mynnu'n man
law yn llaw â Gwenllian.
Byddwn nerth i'w byddin hi
a'n holl hil yn lleoli
ei henfaes hi yn faes her —
un Wenllian yn llawer.

Cyfoesedd y cof oesol
wna'i hangau hi'n fyw yng nghôl
ei holynwyr eleni.
Trown ninnau, trwy'i hangau hi,
hen freuddwyd yn foreddydd,
un Gymraes yn Gymru rydd.

Angharad Tomos

Yr wyt yng ngharchar eto drosof fi,
Dros fy iaith, ond heno
Wyt enaid nad wyt yno;
Wyt rydd am y canfed tro.

Doi heno fel pe'n dannod fy aelwyd,
Doi filwaith fel cysgod
I mewn i glydwch fy mod,
Doi heibio yn gydwybod.

I 'mharlwr doi i'm herlyn; wrth fy ngwaith
Doi eilwaith i'm dilyn;
Doi i'm nos ddiddos, ddi-hun;
I'm dydd dedwydd doi wedyn.

Wyf y bardd sy'n dy arddel â'i holl llais.
Fore'r llys anochel
Wyf ffrind distawa'i ffarwél,
Wyf sedd wag, wyf swydd ddiogel.

Wyf flaenaf ym mhob safiad poblogaidd,
Wyf weddaidd f'ymroddiad;
Wyf ffyddlon gynffon y gad,
Wyf flaenaf fy niflaniad.

Wyf ddewraf yn f'ystafell, wyf eofn
Yn f'awen anghysbell;
Wyf ynghudd yng nghof fy nghell,
Wyf y llwfrgi'n fy llyfrgell.

Wyf yng ngwely fy ngalar, wyf yn glaf,
Wyf yn glust hiraethgar
I bob doe ac echdoe gwâr;
Wyf i heddiw'n glustfyddar.

Wyf ddeulais ffafr; wyf afrad glywadwy
Er dy glod, Angharad;
Ond o'th glyw, ac ar glyw gwlad,
Wyf fesurwr fy siarad.

Angharad, troist fy ngeiriau yn aberth,
Wynebaist fy mrwydrau;
Wyt gorff i'm corff sy'n nacáu,
Wyt gnawd i'm datganiadau.

Angharad, yng nghywiredd dy wewyr
Rhoed i awen sylwedd;
I'r dannod rhoed ewinedd
A rhoed i gân bryd a gwedd.

Angharad, troist waradwydd yn lewder
A throist wlad ddidramgwydd
Yn dir her, troist eiriau rhwydd
Fy nagrau yn styfnigrwydd.

Angharad, paid â'm gwadu am ennyd,
A minnau'n llochesu
Ynot, ond paid â'm tynnu
I'r llys na'm tywys o'r tŷ.

Gad imi yn gydymaith fy hen gof,
Hen gof echdoe'r heniaith;
Gad imi ysgwyd ymaith
Y cof am heno fy iaith.

Yr wyt yng ngharchar eto ynof fi,
Ynof fi ddigyffro,
A llonydd yw'r gell heno;
Trwy'r clai hwn y troir y clo.

AYA XXV

Y diforthwyl brydferthaf
o'm gynnau wyt, a'm gwn haf.
Ni bu 'rioed am arian braint
well llafur gan ddryllofaint
Llundain oll; ni wnaed i neb
undarn o'r fath gywreindeb.
Dy acsiwn sy'n ardd decsawr;
galaethau gwlith yw ei glawr,
cywrain aeddfedrwydd ceirios,
dail yr ynn a diliau'r rhos.
Mae i'th fôn mwyth ei fynwes
raen collen Ffrainc a llin ffres,
a dafnau llus dyfnlliw haf
hyd lawesau dulasaf
dwy faril o gydfwriad,
dwy o'r un dur dewr yn dad.
Deuglo mor dynn â dwygloch,
arf hawdd, yn delyn ar foch.
Arf sydyn ar faes ydwyt;
ymysg dail ai mwsged wyt?
I fraich dde'n estynfraich ddur
wyt annatod dy natur;
wyt o'r un aneliad rhwydd,
yn asgwrn o'r un ysgwydd.

Dychrynadwy, chwyrn ydyw
d'orchymyn, a chanlyn chwiw
dy dymer di y mae'r dydd:
yr wyt ti'n grëwr tywydd.

Gwnei wynt lle'r oedd gynnau wawn,
gwnei donnau trwy gnwd uniawn;
gwnei rwyg rhwng brigyn a'i wraidd,
blastwynt o rym balistaidd
a thymestl yn anthemu —
Notre Dam y nitro du!
Hin-gonsuriwr, tisiwr tân
eirias wyt, eira Satan;
poerwr iâ yn pupro'r prysg
dros ganllath â'th dres genllysg.
Gwnei haf yn aeaf, gwnei hin
aeafol yn fehefin.

O na châi holl ddyddiau chwil
ein difyrrwch dwyfaril
barhau byth, ie byth bythoedd,
a pharhau'r hen gyffro a oedd
yn y gwaed o'th danio gynt;
dyddiau'n hieuenctid oeddynt,
pan nad oedd i'n rhemp ni'n dau
ryw orfanwl derfynau!
Ond gwn, cyd â bod geni,
y daw dydd fy ngwendid i,
a'r hyn a fu'n siwrnai fer
yn rhy anodd o'r hanner.
Fe ddaw awr anufuddhau
i'r wŷs er bod yr eisiau
yn gryf, mor gryf ag erioed —
hynny yw tristwch henoed.
Y diwrnod daw'r rhaid arnaf
o'r distyn oer dy estyn wnaf
a chaf deimlo eto'n iau
drwy godi'r hen dargedau
ergyd am ergyd a aeth,
a'th ddur yn boeth o hiraeth.

Llwch

Crynant ar fainc yr henwyr yn rhes wyw,
A'r sôn yn aneglur;
Atgofion penwynion wŷr
Yn senedd hen bensiynwyr.

Min y garreg mewn geiriau yw eu sgwrs,
Hanes gwŷr y creigiau;
Hanes â'i lond o enwau —
Ddoe yn ddeg ond heddiw'n ddau.

Dau hen cyn dyfod henaint, dau wyneb
Yn dwyn dioddefaint,
A'r ddau yn un gan un haint —
Gaeafau yr ysgyfaint.

Ym mynwes gwŷr y meini mae angau
Yn myngus waddodi;
Daw crawn y fron ohoni,
Daw fflam o waed o'i fflem hi.

Dydd byr fel Rhagfyr ei hun yw eu dydd,
A'i darth yn ymestyn,
Cans gaeaf yw'r haf i'r un
Â barrug yn ei boeryn.

Nid yw'r graig yn gwrando'r gri o waelod
Dwy galon ar hollti;
Ni roddwyd dagrau iddi,
Ni chwâl neb ei chalon hi.

Ond wele ddau'n dal i ddod i'w golwg
Eilwaith, hyd nes dyfod
Y dydd y derfydd darfod,
Y dydd pan na bydd eu bod.

Llwydwyll Gwareiddiad Llydaw

Yn bendrwm yn ei chwman ym min môr
Ym Mhenmarch hen wreigan
Mor hen â'r môr ei hunan
A werthai les wrth y lan.

Yn ei gweillen 'roedd gallu ei llinach,
Deall hen ei theulu;
Hithau 'r un fath â'r hyn fu,
Yn gwau hanes a gwenu.

Aeth cur i'r plethau cywrain, hir waedu
Aeth i'r brodwaith mirain,
A'r llaw a bwythai'r lliain
Yn llunio cof mewn llun cain.

Hen wraig drist ar greigiau draw yn gwarchod
Wrth ei gorchwyl distaw
Awen ei llwyth yn ei llaw —
Llwydwyll gwareiddiad Llydaw.

Jennie Eirian Davies

Ceir gwaedd o gyrraedd geiriau, y waedd fud
    Na ddaw fyth i'r genau;
  Rhy ddwfn i gnawd ei rhyddhau
  Na'i hyngan ond trwy angau.

Y waedd tu hwnt i weddi, yr un waedd
    Na chlyw'r nef mohoni;
  Nid oes llais i'w hadlais hi,
  Nid oes Duw i'w distewi.

Hon yw gwaedd unigeddau ein harswyd
    Yn y gors ddilwybrau
  Lle dirwyn trwy'r pellterau
  Sŵn y cŵn a'r nos yn cau.

Mae ynom na wyddom ni mo'i waelod,
    Mae hil o drueni,
  Ac ynom er ein geni
  Y mae rhaid ei marw hi.

Hon filain ei gorfoledd, hon ddeifiol
    Ysol ei hynawsedd,
  Hon wridog ei brwdfrydedd,
  A hon, o bawb, yn y bedd.

Y wraig hoywaf ei thafod, a'i galar
    Yn gwlwm diddatod,
  Heb eiriau i'w disberod,
  Heb iaith yn niddymdra'i bod.

Hi oedd tuedd y tywyll, hi ydoedd
    Ein breuddwydion candryll,
  Hi oedd arswyd ein llwydwyll,
  Hi oedd ein gwaedd yn y gwyll.

Kate Roberts

Awdures ein dyfnderoedd, gweledydd
    Gwaelodion ein hingoedd;
   Ein heneidiau ni ydoedd,
    Ac nid gwraig ond gwewyr oedd.

Rhoddodd i'n galar ryddid ei hawen,
    Llais i'n gwae cynhenid;
   Rhoi ei gwefus i'r gofid
    Hŷn na'n llwch, genau i'n llid.

I gerrig ei magwraeth y naddodd
    Hyd at graidd bodolaeth;
   Naddu'n hir i'w deunydd wnaeth
    A'u naddu yn llenyddiaeth.

Yn unig ac yn nannedd ei harcholl
    Tyrchodd â'i hewinedd
   Gelfyddyd bywyd o'r bedd
    Ac o'r graig ddagrau gwragedd.

Llonydd fel pyllau llawnion y chwarel,
    Llygaid chwaer trallodion
   Ydoedd llygaid enaid hon,
    Heb waelod i'w helbulon.

O'i mewn diferai'r meini fesul dafn,
    Fesul dydd, nes codi
   O ddyfnder ei hoerder hi
    Is-ystyron tosturi.

Ac o waelod ei galar y gwelodd
    Galon gymwynasgar
   Y graig noeth yn gyfoeth gwâr
    A'i llechi yn aur llachar.

Galar yn un â golud eneidiau
    Unedig eu hadfyd,
  A chyfoeth ymdrech hefyd
  Yn clirio coel ar y cyd.

O un dewrder gwnaed ardal, un oedd pawb
    Pan oedd pawb dan ddial;
  Hyn oedd byw pan oedd y bâl
  Yn dwym gan feddrod amal.

Hyn oedd byw pan oedd y byd yn Gymreig
    Ymarhous i symud,
  Pan oedd pob tŷ'n Gymru i gyd
  A'r haf yn Gymro hefyd.

Yr haf hen yr erfyniai ei barhad,
    Yn ei bron fe wyddai
  Hyd lesgedd y mudlosgai
  Gan ei ffrwyth ac ni pharhâi

Drwy gil ei dôr gwyliai daith ei gwerin
    Ar hyd gorwel diffaith
  Y Lôn Wen, fel dilyn iaith
  O'r golwg i'r grug eilwaith.

Awdures ein pryderon, gweledydd
    Ein gwlad yn ei chyffion,
  A gwefus i atgofion
  Ei diwedd hi ydoedd hon.

Baw ar wyneb yr heniaith a fwriwyd,
    Ar leferydd perffaith;
  Rhoed pridd ar burdeb rhyddiaith,
  Bwriwyd baw ar burdeb iaith.

Wele un bedd, wele'n byd; wele lwch,
　　Wele led ein hollfyd;
　Wele'r gwir ar lawr gweryd,
　Union fan ein genau'n fud.

Wele orwel i eiriau; wele niwl
　　Ar lôn wen ein hafau;
　Wele'r hil ar y rheiliau;
　Chwarel ei chur, wele'i chau.

D J Williams

Y mae Ionawr ym mhennau'r heolydd,
    Y mae'r haul dan warchae;
  Y mae ein hin yn meinhau,
  Mae'n Ionawr ynom ninnau.

Heddiw rhoed argyhoeddiad yn y llwch;
    I'r llan rhoed ymroddiad;
  I bridd rhoed dyfalbarhad,
  I'r fynwent benderfyniad.

Rhoed i arch ddireidi hen warineb,
    I'r union dywarchen
  Rhoed llewyrch ysbryd llawen,
  A rhoed i'r gist ddewrder gwên.

Dros hil wasaidd, farwaidd, fud; dros ei hiaith,
    Dros ei hawl ar fywyd
  Bu'n ufudd, ufudd o hyd;
  Anufudd dros hon hefyd.

Ar eistedd safodd drosti, a sefyll
    Pob safiad digwmni;
  Safodd, er ei hanfodd hi;
  Eisteddodd yn dyst iddi.

Dioedran fu'r diwydrwydd, a'i henaint
    Yn un â'i ieuengrwydd,
  Ac er hyd y gwaradwydd
  Yr un erioed fu'r wên rwydd.

I hybu'i wlad, er pob loes o'i herwydd,
    Fe lafuriodd deiroes;
  Mwy na gofyn un einioes,
  Mwy mewn awr na mi mewn oes.

Hŷn na lliaws ein lluoedd yn y drin,
   Ond yr hynaf ydoedd
  Ein dewraf, a'r hynaf oedd
  Yr ieuanga'n ein rhengoedd.

Rhannodd bob awr a brynwyd o'r amser,
   Rhoi'i amser i'w freuddwyd;
  Rhannu elw'r hen aelwyd,
  Rhoi yn ei fyw, rhannu'i fwyd.

Rhoi o'i gell, rhoi o'i golled; rhoi ar goel
   O'r galon a'r boced;
  Rhoi i dir cras irder cred,
  A rhoi'n ofer yn Nyfed.

Gwae ni droi'n rhyddid mor rhad; gwae nad aeth
   Ein gwên deg ar drawiad,
  A gwae na roesom gaead
  Hyn o bridd ar wrid ein brad.

Nos Da

Dau air cyn bod distawrwydd,
Fel ffarwel yn y ffydd,
A'r holl ofalon dwyflwydd
Yn diffodd fel y dydd.

Dau air yn lapio'i dychryn
Yn gynnes yn ei gŵn,
A minnau'n marw mymryn
Yn sicrwydd oer eu sŵn.

Ffrind

Na, nid oedd dagrau. Nid oedd hiraeth 'chwaith
Wrth glywed yn ddamweiniol ar ryw sgwrs
Ei bod hi wedi'i chladdu. Dim ond ffaith
Rhwng trafod hyn ac arall, ac wrth gwrs,
'Roedd ugain mlynedd er pan oeddem ni
Yn gyd-fyfyrwyr ac yn ugain oed
Un hydref gynt. Yna, diflannodd hi
A phob adnabod a fu rhyngom ni erioed.
Ni wyddwn i, er enghraifft, faint o blant
Na pha sawl gŵr fu ganddi, na pha bryd
Neu ble yr ymgartrefodd, na sawl cant
A mil o bethau eraill aeth â'i bryd.
Ac nid oedd dagrau. Dim ond deiliach gwyw
Ar lwybr Sili-wen, a hithau'n fyw.

Pysgotwr

Diysgog ydyw'r disgwyl
Ar geulan oer y glyn,
A chysgod hen bysgotwr
Yn llonydd ar y llyn.

Diwyneb ymhlith dynion,
Dienw ydyw o,
A'r hen bysgotwr hwnnw
Yw'r dychryn er cyn co'.

Amser

Nid wrth funudau
y mesurir amseroedd
yr haul ar y ddaear hon.

Rhy hir yw Erioed,
rhy bell ydyw dechrau Byth,
rhy annelwig yw oedran ei olau,
rhy anhraethol enfawr i'w wthio
yn dwt i ddychymyg dyn.

Er hyn, heneiddiwn yr haul
â'n heinioes ni ein hunain,
byrhau pob erioed
â diwrnodau'n dirnadaeth,
a sêr yr ehangder oll
o un i un sydd yn diffodd ynom.

Rhydywernen

Y mae capel yng ngwaelod y cof,
megis yn y dechreuad,
pan oedd y mynyddoedd a'r nos
yn dynn amdanom.

Mor glyd oedd muriau gwledig
ein ffydd, fel hen gegin ffarm.
Yno y deuem ar bob rhyw dywydd,
deuem â llaid ein daear
yn ennaint trwm dan ein traed.
Deuem er y gwyddem bob gweddi
o'r frest fyrfyfyr erioed,
pob peswch pwrpasol
yn yr un fan i'r union funud.
Deuem a chanem yn chwil
am fuddugoliaeth, am faeddu gelyn
yr Angau Mawr yng Nghwm Main.
O, fel y canem! Ni chlywem uwchlaw
ein moliant sŵn datgymalu'r
meirwon hoff am y mur â ni,
ac o Sul i Sul di-sôn,
o adnod i adnod yr oedd y llwydni
yn concro, yn mapio'r mur,
a sawr ei deyrnas ar Rydywernen.

Meddyliwch . . .

Enigma fiolegol,
Afreswm mwya'r Drefn
Yw'r rhai sy'n tyfu'n gefnog
Trwy golli asgwrn cefn.

'Rwy'n bwriadu gwneud amdanaf fy hun.
Pa wenwyn yw'r rhataf?' gofynnodd y dyn.
Wn i ddim beth a lyncodd na faint oedd y gost
Ond bu farw wrth ddarllen y **Daily Post.**

Yn y gair 'Gwladgarwch' nid oes yr un 'e'
Ond yn 'Gwaledgarwch' mae hi'n hawlio'i lle.
Os na welwch yn hyn unrhyw arwyddocâd
Agorwch gronfa i achub eich gwlad
Ac fe welwch ar unwaith pa lythyren yw
Hoff lythyren y rhai trwm eu clyw — 'E?'

Meirch ym Mrycheiniog

Ar grwydr gwasgaredig
   ac eto yn gytûn
symudant yn siomedig
   benisel bob yn un,
fel pe'n mynd adref ar eu hynt
drwy'r oriau gwag o'r frwydr gynt.

A'r gorwel at eu garrau,
   yn rhyd y machlud mawr
gwyrant nes bod eu gwarrau
   yn llifo'n goeth i'r llawr,
a phob tynewyn eto'n waed
o'r hen, hen oes a'r hyn a wnaed.

Ni roddir am filltiroedd
   gan undim ond y meirch
ryw ystyr i'r rhostiroedd
   digymro a di-geirch;
dim ond y nhw yn mynd i'w hynt
drwy'r oriau gwag o'r frwydr gynt.

Rhydderch

Hefo'r dail bu farw dyn;
na hidier, bydd dail wedyn.
Yn ei bryd drwy holl Brydain
ni fetha'r haf fathu'r rhain.
Yn dragywydd drwy'r gwiail
peiriant yw Duw'n printio dail,
un ac oll, ac oll yw gwerth
yr un am mai arianwerth
irder gwlad ar dreigl ŷnt;
bathadwy dros byth ydynt.

Ni wrendy Duw ar undam,
nid yw Duw yn hidio dam
fod dyn yn darfod unwaith
a dail ar goed lawer gwaith.

Heno, a'r dail ar Wynedd,
un waith am byth y mae bedd;
un bedd yn y llechwedd llwyd,
un Rhydderch yno roddwyd.

I'r wig am bob unigol
ddeilen wyw cawn ddail yn ôl;
ni chawn ail Rydderch yn wir,
Rhydderch nis ailadroddir.
Hefo'r dyn bu farw, do,
dalent nad yw yn deilio,
a ninnau'n gweld yn ein gŵydd
hydref ei holl hynodrwydd.

Meirionwr mawr ei wyneb,
degan hoff, nas digiai neb;
wyneb fel hen obennydd
oedd yn ffefryn derfyn dydd;

wyneb braf ym mhob rhyw hin,
yn ewyrthaidd ei chwerthin;
ac yn awr cwsg ein rhai cu
gŵr i'w gael ger y gwely
i wneud breuddwydion ydoedd,
gŵr i ddweud hwiangerdd oedd.

Heno pa le mae'r wyneb
nad yw'n haul ar aelwyd neb?
Mae'r wyneb ym Meirionnydd,
pwy ŵyr sawl nos ynddo sydd.
Ni all llais o'r erchwyn llwyd
roi i Rydderch un breuddwyd;
ni wêl ym mro'i wehelyth
wely bach ei noswyl byth,
na chlywed, er croywed Crist,
un hwiangerdd drwy'i brengist.

Yr un oedd mor wahanol
i ni i gyd, yr un ag ôl
bywyd arno; pob diwrnod
i'w fyw hyd eithaf ei fod;
byw'r awr fawr ddiyfory,
byw'r awr olaf hwyaf fu.

Gwydion gof! Fe gaed un gŵr
yn neuadd o gwmnïwr
ynddo'i hun; fe'i llanwodd hi
â'i ddylanaidd haelioni.
Beirdd ei wlad oedd bwrdd ei wledd,
yfai eiriau cyfaredd;
yfai i waelod cof filwaith,
yfai'n hir hyd derfyn iaith.

73

Yr un oedd mor wahanol,
yr un â'i lun mor ddi-lol;
yr olwg wyllt ar le gwâr;
tei ar sgriw, natur sgweiar
yn afrad fawr, a dwy foch
aeddfed fel afal rhuddfoch.
Denai bioden o'i bedwallt
i weithio nyth yn ei wallt!

Yr un oedd mor wahanol,
yr un ffeind a'r anian ffôl;
heb un brad wyneb na bron,
Rhydderch hael, hael ei galon;
hael ddi-hid hyd onid aeth
ei haelioni'n elyniaeth;
haelioni'n ddiawl ynddo'i hun,
ef anwylaf yn elyn
pennaf i'w gamp ei hunan,
i'w enaid gwiw yn ffrind gwan.

Mae'r un oedd mor wahanol
heddiw'n un â'r myrdd yn ôl.
Mae'r ddwy foch ym mhridd ei fedd
yn aeddfedrwydd o fadredd,
a'r gwallt mor drim â'r gelltydd
ar dawel ddiawel ddydd.
Ym mhridd ei blwy' mor ddi-blyg
â'r ddaear yw ei ddiwyg.

Aeth awr fawr ei ddifyrrwch
i'r un lled â'i fymryn llwch.
Ynddo'i hun ei neuadd aeth
yn neuadd ddigwmnïaeth;
neuadd wag heb ynddi win;
daear sy'n safn y dewin.

Geiriau ydoedd, gwair ydyw,
dawn dweud oedd, mudandod yw.

Di-roi byth yw daear bedd,
digynnig o'i digonedd;
hi ddeil drwy dragwyddoldeb
heb roddi'n ôl bridd i neb,
a gwae ni i'w hoerni erch
gael yn rhodd galon Rhydderch.
Aeth cariad ar dafliad dis,
diwedd cariad oedd Corris.

Drama fawr yn drwm o fud,
drama mab a'i dir mebyd;
llwyfanwyd ger Llefenni
ei hact olaf araf hi,
a'r dail, dail, fesul deilen
ar y llwch yn cwympo'r llen.

Yr Isymwybod

Y dihysbydd lonydd li; llyn o wyll
    Na ellir ei lenwi,
  A'i guddiedig waddodi
  Ydyw cof ein hangof ni.

Y Cilie

Mynnaf nad fferm mohoni; ei hawen
    Yw'r cynhaeaf ynddi,
  A blaenffrwyth ei thylwyth hi
  Yw y grawn geir ohoni.

Murddun

Er mai dail yw gwrym ei do, er i'r drain
    Gau'r drws nad yw yno,
  Mae un gŵr â min ei go'
  Yn cael ias o'i dacluso.

Gweddi'r Diwellhad

Ym mhoenau dall fy nhrallod maddau im'
    Ddyheu am ollyngdod;
  Cyn dechrau maddau fy mod
  Maddau erfyn am ddarfod.

Ennyd Dragwyddol

Ennyd heb ddim ohonof i weiddi
  Fy nedwyddwch gwallgof;
  Ennyd a'r cread ynof,
  Ennyd cyhyd â phob cof.

Nadolig

Wyf heddiw yn rhyfeddu, wyf ar daith
  Hefo'r doeth i'r beudy,
  Wyf y sant tyneraf sy'
  Ond wyf Herod yfory.

Blodyn Ffug

Y godidog dihedyn, yn heulwen
  Ddi-haul; er mor ddillyn
  Y'i lliwiwyd ef yn llaw dyn,
  Heb law Duw nid blodeuyn.

Plentyn yn angladd ei fam

Yr oedd yno wrtho'i hun er bod tad,
  Er bod torf i'w ganlyn.
  Ddoe i'r fynwent aeth plentyn,
  Ohoni ddoe daeth hen ddyn.

Glas y Dorlan

Er imi oedi hydoedd i'w weld ef,
    Perl y dail a'r dyfroedd,
    Wedyn yw'r cyfan ydoedd,
    Parhad lliw'r eiliad lle'r oedd.

Eira

Yn wyn galchen ei golchiad, a'i llwyni'n
    Llieiniau diwnïad
    Un bore Llun yr holl wlad
    A'n dallodd hefo'i dillad.

Amser

Os wyf pan syllwyf ar sêr yn ddyn rhydd
    Yn yr awr ddiamser
    Nid wyf ond ysbaid o wêr,
    Nid wyf ond ennyd ofer.

Fy Hynafiaid

'R un heddiw â'r hyn oeddynt; diangof
    Er bod angof ynddynt;
    Minnau gaf eu cwmni gynt,
    Cyfoedion cyn cof ydynt.

Llais fy Nhad ar dâp

Llais nad yw yw'r llais sy'n dod i rannu
    Rhyw ennyd ddiddarfod;
   Ennyd o'n byw nad yw'n bod
   Yn dadweindio mudandod.

Y Fro Gymraeg

Breuddwyd yw'r llwybr iddi, a dyheu
    Yw'r daith tuag ati;
   Rhyw wlad ar orwel yw hi,
   Rhyw deyrnas heb frad arni.

Y Gymraeg yng Ngwynedd

(Wedi Tribiwnlys Bae Colwyn)

Yn ifanc, yn anghyfiaith yn ein sir
    Gwae ni sŵn ein mamiaith;
   Gwae ni'n hen ac yn uniaith
   A gwae ni am ddysgu'n hiaith.

Gwallgofddyn

Truan yn syllu trwof, yn rhythu
    Heb un rhith ohonof
   Yn ei lygaid; fel ogof
   Heb un llygedyn o gof.

Hil-laddiad y Cymry

O na, ni raid wrth nwyon i'n mygu
    Megis yr Iddewon;
  Nid lladd a ladd yr hil hon,
  Nid SS ond y Saeson.

Creyr Glas

Er oedi fel ymprydiwr yn yr hesg
    Ar osgo gweddïwr
  Nid oes uwch tangnef y dŵr
  Ond myfyrdod am fwrdwr.

Mair

I'w Duw o'i gŵydd pryd a gwedd a roes hon,
    Rhoes waed i Dangnefedd,
  Rhoi anadl i'r Gwirionedd
  A rhoi bod i wacter bedd.

Newid

Dros nos fe aeth drws nesa' yn ddiarth
    Ac yn ddifenthyca
  Ac aeth oes cymdogaeth dda
  Yn oes nad yw'n busnesa.

Rhegen yr ŷd

Ddoe yr hil, chwarddai'r heulwen yn yr ŷd;
    I ble'r aeth ei hacen?
   Un o leisiau hafau hen
   Y Gymraeg mwy yw'r rhegen.

Ti a mi a'r môr

Yr un ennyd, gronynnau o dywod
    A adawyd ar draethau
   Am un dydd ydym ein dau,
   Mor ddinod â'r myrddiynau.

Yfory fe'n cydfwrir i'r eigion,
    A rhagor ni chlywir
   Amdanom; daethom i dir
   Unwaith, unwaith nas enwir.

Gwanwyn

Croen yr oen ar y ddraenen, a Natur
    Mor chwit-chwat â hoeden;
   Gwelaf waed ei misglwyf hen
   Yn gadach ar y goeden.

Marwolaeth Baban

Enaid bach yn llond y byd, a'i lewyrch
    Yn goleuo'r hollfyd.
  Lle bu yn gannwyll bywyd
  Crud gwag yw'r cread i gyd.

Penglog mewn amgueddfa

Trwy eonau'n trueni un yw'r wên
    A'r ofn sy'n goroesi
  Mileniwm; mae eleni
  Ein gwae yn un â'i gwên hi.

Tŷ Haf

Er mor hardd yw'r muriau hyn, hen benty
    Wedi'i baentio'n glaerwyn,
  I mi, harddach oedd murddun
  A'i obaith gwag na'r bwth gwyn.

Ffawydden ar feiriol

Heddiw, lle'r oedd allor wen, o gannwyll
    I gannwyll ddisgleirwen
  Daeth oedfa'r bara i ben,
  Diffoddwyd y ffawydden.

Siom a Serch

(I gyfarch Bardd y Goron, 1979)

Ar gulaf llwybrau'r galon y mae siom
    A serch yn gariadon;
    Law yn llaw daw'r lleddf a'r llon,
  Un yw deufryd mewn dwyfron.

Liw nos, wedi'r canlyn hir, eu dyheu
    Sy'n dân nas diwellir,
    Ac o'u huniad y genir
  Yr hen wyrth — yr awen wir.

Nadolig-y-gwneud-elw

Gwae ni ei eni o hyd i farw
    Ar Galfaria'n hawddfyd,
    A gwae eilwaith i'n golud
  Hoelio'i groes ag elw'i grud.

Mewn angladd

Dirwynwyd edau'r heniaith i'w diwedd;
    Gadawyd y brodwaith.
    Er i'w nain farw'n uniaith
  Ni ŵyr yr ŵyr air o'i hiaith.

Dic Jones

Y mae hiraeth am weryd ynom oll,
  Am allu dychwelyd;
  Wele fodd trwy gelfyddyd
  Bardd a'i gerdd yn bridd i gyd.

Dwy ydlan yw dy awdlau yn ein hiaith,
  O'r wenithen orau,
  A thra bo co' ni bydd cau
  Drws ar storws dy eiriau.

Hiraeth Cariad

Un yw deigryn ein dagrau, un yw nos
  Ynysig ein nosau,
  Un yw hiraeth ein horiau
  Am nad un ydym ein dau.

Cariad maith yw cariad mud; mewn un nos
  Y mae'n hwy na bywyd;
  Y mae mwy a mwy o hyd
  I'w ddweud na chaiff ei ddwedyd.

Dinas Dinlle

Ym min nos mae hanesion i'w clywed
  Nas clywir gan estron;
  Yn Gymraeg y mae'r eigion
  Yn eu dweud o don i don.

Gwiwer Goch

Ym mrigau haf y mae'r gwyw yn rhybudd
    Ar ei wib eiriaswyw;
  Drwy haf y wig hydref yw,
  Difodiant a dyf ydyw.

Marw merch fud

Hunodd heb ddweud ei henw, a hunodd
    Heb unwaith ein galw
  Hefo'i llais, ond ar fy llw
  Llefarodd â'i holl farw.

Marw cyd-ddisgybl ysgol

Pan glywais gwelais ni i gyd ar yr iard
    Yn rhes, a'r un ffunud
  Y safem. Clywais hefyd
  Y gloch a'n geilw o hyd.

Y Parch Gerallt Jones

Yn niwedd y cynhaeaf, chwi wŷr llên,
    Ewch â'r llwyth yn araf;
  Heliwch i'r helm lwch yr haf,
  Hel i'r Cilie'r cae olaf.

Joe Philpin

(Hen drempyn o'm plentyndod)

Rhyw droi i mewn o'th grwydro maith a wnaethost
    Neithiwr megis ganwaith,
  A dod trwy lwydwyll y daith
  I hofelau'r cof eilwaith.

Dodo Banc

(Elizabeth Lloyd Jones, Sarnau)

Brif achydd ein bro fechan, hi ydoedd
    Dyddiadur ein treflan;
  Aeth cof tylwythau cyfan
  Hefo'i llwch i angof llan.

John Jones, Llandwrog

(Saer Maen a Chynghorydd)

Rhagor neb, i'w bentre bu'n warchodwr,
    A chadwodd ei derfyn;
  Byw i'w blwy a'i bobl ei hun,
  Byw i'w wlad drwy'i blwy wedyn.

Mae ei wyneb ym meini y fro hon,
    Nerth ei fraich amdani;
  Fe roddodd furiau iddi
  A chreu cof â'i cherrig hi.

Eric Jones

(Llyfrwerthwr yng Nghaernarfon)

Ni roes ar werth mo'i werthoedd; ei galon
    Oedd gölud ei silffoedd;
  I'w fyd rhy araf ydoedd,
  Un rhy fwyn i'w ganrif oedd.

Fel hyn bob dydd diflannwn; fesul un,
    Fesul awr ffarweliwn
  Â'r Cymreictod hynod hwn,
  Diwylliant nas deallwn.

Wmffri Roberts

(Cyn-ymgeisydd Plaid Cymru yn Arfon)

Gwyliodd a'i drem yn gwaelu, a gwyliodd
    A'i galon yn gwaedu
  Nes iddo weld drwy'r nos ddu
  Gip ar wawr fawr yfory.

Gwawr

(Myfyrwraig a wnaeth amdani'i hun)

Rhannodd ei chur â'i hunan yn y dwfn,
    Ac un dydd yn Nwyran
  O'r môr daeth corff i'r marian,
  A hithau'r loes ddaeth i'r lan.

Rhian Wyn

(Bu farw'n bumlwydd oed)

Dduw Dad, pa fodd y dwedi ystyr hyn?
    A oes treth ar weddi?
   'Oes toriad ar dosturi?
  Dywed pam wrth ei mam hi.

Teulu

(John a Sarah Edwards a'u dwy ferch)

Er eu syfrdan wahanu'n yr angau,
    Yr angau gan hynny
  A'u galwodd i'r un gwely
  A galw'r tad i gloi'r tŷ.

J. W. Elis (Perisfab)

Yn Gymro digymrodedd, yn ŵr balch,
    Gwyliai'r bwlch i'r diwedd.
  Gwae inni, feibion Gwynedd,
  Agor y bwlch wrth gau'r bedd.

Y Capten Jac Alun Jones

Dros orwel diddychwelyd ei hiraeth
    Mae i forwr wynfyd,
  Ac o'r bae ar gwr bywyd
  Mae llong sy'n cymell o hyd.

Saunders Lewis

Y mae ias, y mae oesoedd ei farw
    Ar furiau ein celloedd
  Am mai rhaid Cymru ydoedd,
  Am mai rhith o Gymru oedd.

Yr Athro J R Jones

Adnabod ei anobaith amdanom
    Yw deunydd ein gobaith.
  Daeth angau i'r doeth ddengwaith,
  Ymarhous fel marw iaith.

Iorwerth C Peate

Fe roes gof i'r oesau gwyw; i'w hias hwy
    Fe roes iaith ddiledryw.
  'R un o hyd â'r rhain ydyw,
  A'r un ias trwy'r esgyrn yw.

John H Jones, Deiniolen
(Chwarelwr, a'm tad yng nghyfraith)

Egwan gorff fu'r fargen gest, a'th anadl
    Ni thynnaist heb ornest;
  Dy boen o hyd, ei byw wnest,
  Byw'n anodd a byw'n onest.

Tom Pryce

(Rasiwr ceir)

Rhoes yntau i Angau her, a'i olwyn
    Am olwyn ag Amser;
  Mynd o fod mewn ennyd fer,
  A'r ennyd ar ei hanner.

Edwin Pritchard

Ni fynnai nef wahanol; Eifionydd
    A fynnai'n wastadol,
  Ac yma ynghwsg mae yng nghôl
  Eifionydd yn derfynol.

Sandra Evans

Mae yma fedd mam-i-fod; mae yma
    Fwy na mam yn darfod,
  Ond eto ni bydd datod
  Yma byth ar gwlwm bod.

William Davies

(Llangynog gynt)

Ni ddaw draw i gadw'r oed yn yr ŵyl,
  Ef yr heulwen ddeudroed,
 Ef lawen yn ei henoed,
 Ef â'r wên fwyaf erioed.

T G Walker

Hiraeth, cefaist draeth cyfan am ennyd,
  Dim enaid yn unman,
 Dim ond ti yn gloywi glan
 Ei dawelwch diwylan.

Lewis Valentine

Penyberth ei aberth ef yn ei Grist
  Oedd ei groes a'i dangnef;
 'Roedd ei Gymru'n un â'i nef
 A'i weddi'n un â'i ddioddef.

Cymru'r Wythdegau

Ym mharhad fy Nghymru hen mae lle i'r doeth,
Mae lle i'r dewr; mae angen
Weithiau wg ac weithiau wên;
Mae lle i fôts, mae lle i fatsien.

Yn ddistaw, yn ddiystum o waraidd
A heb gweryl gennym,
Pwy a hidia pwy ydym,
Pa ots i'n canrif pwy ŷm?

Yn angof cyn ein trengi, ac yn neb
Gan warth cyn ein geni,
Hanes nid yw'n ein henwi
A'n byd ni ŵyr ein bod ni.

Trwy'r oesau oll natur Sais yw tynhau
Cortyn iaith ei fantais;
Cortyn am wddw'r cwrtais
A dileu yn un di-lais.

Ein hil swrth, di-lais yw hi, a di-lais
Yw'n pleidleisiau drosti;
Yn nhir neb chwaraewn ni
Wleidyddiaeth heb wlad iddi.

Mwy, ni thâl mewn etholiad i ni sôn
Am senedd a threftad;
Aeth sôn am fro'n act o frad
A'r winllan yn air anllad.

Aeth hanes yn wrthuni, a ninnau
Yn hanes eleni;
Aeth hen iaith ein rhanbarth ni
Yn iaith annoeth ei henwi.

Taeogion rhyw strategaeth ddiogel
Rhag digio'r etholaeth;
Taeogion y galon gaeth
A'n hawliau yn troi'n hiliaeth.

Ni ŵyr golud wae'r galon; dihiraeth
Ydyw arian sychion;
Ein daear ni, fe drown hon
Yn faestref trefi estron.

Nid gwlad ond gwyliau yw hi, a gwenwn
I ymgynnal ynddi;
Gwenwn — ein braint yw gweini —
Ac yn ein harch gwenwn ni.

Pa ots am warineb hen yr oesau
A thrysor ein hawen?
Pa ots tra bo clamp o wên?
Ond **mae** ots wedi matsien.

Mae ots, mae ots pan yw'r mud yn bygwth
Bywiogi am ennyd
A'i esgyrn yn ymysgwyd
Nes hawlio, o'r bedd, sylw'r byd.

Cled

Y Gymraeg ym miri'r ŵyl
a swn ei lleisiau annwyl
yn dathlu'i bod, dathlu y bydd
yfory i'w lleferydd;
lliwiau haf yng Nglynllifon
yn cynnau'r ffydd, cyn i'r ffôn
seinio. Diffoddwyd synnwyr
a lliwiau haf yn wyll llwyr.

O, mor hir fu'r marw hwn;
rhyw farw yr arferwn
â'i weld oedd, ei weld o hyd
yn bywhau ar draul bywyd.
Heddiw, o'i ddweud, newydd oedd,
am mai haws gyda'r misoedd
ydyw arfer â darfod
na'i wynebu ddydd ei ddod,
na derbyn fod un ennyd
mor fythol derfynol fud.

Trwm yw'r taw sy'n tramwy'r tir,
mudandod llym hyd weundir.
Y Mai hwn a'i ddyddiau mud
fu Mai hwyaf fy mywyd.
Ni all afiaith Glynllifon
greu rhith o wawr drwy'r awr hon.
Y mae'r clyw ym marw Cled
yn glyw na fedr glywed
dim ond ust munudau hir
o d'wyllwch nas deëllir;
yna, swn cwynfanus haf
Gwytherin, a gwaith araf

gŵr a'i bâl ar gwr y byd,
un gŵr yn agor gweryd
Y Garnedd yn Llangernyw —
torri bedd nes torri i'r byw.
Sŵn y rhaw sy'n yr awyr,
sŵn Dim sy'n atsain ei dur,
a thrwy oesau'r oriau hyn
clywadwy yw bedd Cledwyn.

Fe welaf â'm cof eilwaith
ei nerth a'i wên wrth ei waith
yn cau'r ffin, ailddiffinio
â'i fôn braich derfynau bro;
â'r cryman claer creu man clyd,
a thwf treftadaeth hefyd;
plethu cân fel plethu cyll,
eilio caead fel cewyll.

Gair a pherth, un oedd gwerthoedd
y Cymro hwn; Cymru oedd:
Cymru'r gwerinwyr uniaith,
gwlad a oedd yn gweld ei hiaith;
llenorion yn lluneirio,
yn troi lluniau geiriau'n go'.

Goleuni hwyr ysgol nos
ar gefnen draw, gaeafnos
ddudew, a sŵn cerddediad
ar gul lôn yn nyfnder gwlad;
camre gwâr ein Cymru gynt
drwy'r caddug ar drec oeddynt;
mynnu dallt, a minio dur
yr ymennydd, crymanu'r
drysi yn adwy rheswm,
mynnu lled troed mewn lle trwm.

Hyn oedd Cled; o'i galedwaith
ysu wnâi am noson waith
i droi i fyd yr awen,
i fyd llyfr a thrafod llên.

Mor Gymreig ei hiwmor oedd;
mor gadarn Gymreig ydoedd
yn ei ofal a'i alar
am gymoedd y gwerthoedd gwâr;
gweld cwm ar ôl cwm yn cau
y drws a gweld yr oesau
yn diffodd i'r gwyll diffaith,
i'r gwyll llwyr o golli iaith.

Yr un gwae yn yr un gwyll
oedd taw y misoedd tywyll
ynddo ef; byw ynddo'i hun
fudandod heb fod undyn
a'i deallai. Dywylled
oedd y clyw yn niwedd Cled.
Geiriau yn mynd o'i gyrraedd,
mynd i gyd, a dim ond gwaedd
ei gof ef mewn ogof hir,
mewn ogof nas mynegir
trwy'r un iaith natur ei nos,
ogof y diwedd agos.
Angau ni wêl angen iaith,
mae'n meimio yn ein mamiaith.
Megis estron, greuloned
fe cael hwn rhyngof a Cled.

Heddiw yr oedd dydd Iau'r ŵyl
i eraill yn ddydd arwyl;
camau araf cymheiriaid
yn nefod hen yr hen raid;

y naill un yn llun y llall,
hiraeth a hiraeth arall
ysgwydd wrth ysgwydd, gosgordd
dawel ei ffarwel, a'r ffordd
yn gul gan led y galar,
gan led y golled am gâr.

Fe'i rhoddwyd i'w fro heddiw
yn llonydd dragywydd driw;
fe'i rhoddwyd ym mreuddwydion
ac ym mhridd y Gymru hon;
fe'i rhoddwyd i'w harswyd hi
yn y taw nad yw'n tewi.

Gwae fi fy rhyfyg fy hun,
gwae imi'r gair ysgymun;
gwae imi, gydag amarch,
regi Duw ar gaead arch;
gwae im feiddio lleisio llid
yno uwch rhosyn Enid.

Anodd coelio, Dduw caled,
anodd credu claddu Cled,
a'i adael mor fud wedyn,
mor fyddar â daear dynn
Y Garnedd yn Llangernyw —
llond arch o gyfaill nad yw.